STATELESS LAW: direito rebelde ou novo modelo jurídico-normativo?

GABRIEL MELO VIANA

Sumário

Prefácio

Na atualidade, se faz necessária a discussão sobre a globalização dos fenômenos jurídicos. Cada vez menos podemos falar enxergar o Direito como meramente o direito estatal-positivo que é o único modelo de direito ensinado por muitas instituições de ensino mundo a fora.

Doutrinadores, professores, estudantes de Direito e profissionais da área, em sua maioria, se limitam em um conceito arcaico do que é Direito. Contudo, o direito ultrapassa todos os conceitos que lhe são impostos. O Direito é um fenômeno fluido e extremamente dinâmico, características opostas ao nacional-positivismo.

A presente obra tem como objeto de estudo o conceito de *stateless law*. Esse direito oriundo de fontes fora do ordenamento jurídico-constitucional das nações regula o funcionamento de diversas populações e empresas no mundo.

O que seria *stateless law*? Pretende-se responder a esse questionamento realizando uma análise de suas diferentes formas de existência: antes, fora ou dentro do Estado. Para isso, se buscará entender de qual forma esse modelo de Direito se relaciona com o Estado e as possíveis implicações resultantes de uma possível adoção desse modelo como forma de regulação.

Introdução

Estamos vivenciando um intenso processo de globalização: as economias se interferem e os problemas, cada vez mais, deixam de ser locais para serem de interesse global. Situações como as variações do preço do barril de petróleo, que influenciam uma grande cadeia econômica global, e as dos refugiados sírios, que está modificando o cenário político de vários países ocidentais, são de conhecimento - e preocupação - mundial.

Nesse cenário, as demandas jurídicas estão se tornando transnacionais e começa a ser possível questionar se o Direito está - ou estará - respondendo às demandas internacionais na velocidade que se é necessária. A internet, as redes sociais, meios de transporte facilitando as viagens internacionais e os fluxos imigratórios nos impedem de enxergar o direito como algo único e vinculado a somente um determinado ordenamento político: a própria dualidade entre direito público e privado poderia estar comprometida nesse novo panorama.

Um exemplo notável foi a necessidade de atuação conjunta global durante a pandemia do COVID-19. Não há mais como se falar em restrições nacionais em um mundo dada vez mais interconectado. As fronteiras são fluidas e, muitas vezes, completamente desnecessárias.

Tendo em vista a dificuldade de encontramos soluções jurídicas rápidas e eficientes para problemas - como a poluição internacional das águas ou as ações de determinado governo autoritário que geram um fluxo migratório intenso – que estão estimulando a criação de soluções envolvendo diferentes *players*, muitos deles não-participantes da estrutura estatal.

BENSON discute que mesmo não havendo suficiente questionamento acadêmico da lógica de dominação do Direito pelo Estado e pela necessidade do mesmo para a manutenção da ordem, vários segmentos da população já estão questionando. O mesmo se refere a pesquisas nos Estados Unidos mostrando insatisfação crescente da população em relação aos serviços judiciais no país. Por causa disso, há uma tendência no aumento da procura por meios privados de resolução de litígios[1].

---

[1] BENSON, Bruce, *The Enterprise of Law: Justice without the State* (San

A superação do conceito de direito estatal pode vir a ser um processo radical. Essa discussão sobre possíveis rumos do direito atual a um cenário de *stateless law* é importante pois quando abandonarmos um conceito, encontramos a oportunidade de discutir o novo, e nesse caso específico, de discutirmos um direito transdisciplinar e transnacional. Abandonarmos o Estado não pressupõe abandonarmos o Direito[2].

No Brasil, o crescimento do sentimento de insatisfação não é diferente. Em 2017, segundo a Fundação Getúlio Vargas, o Índice de Confiança no Judiciário era de 24%[3], enquanto em 2012 o mesmo índice era de 39%[4], demonstrando que cada vez menos os brasileiros confiam no judiciário estatal.

Esse é um problema crescente ainda mais quando há conflitos diretos entre os outros poderes do Estado e o Judiciário. Muitas vezes os governantes utilizam do seu poder para interferir o máximo possível. Por exemplo, um presidente pode nomear um Ministro do

Francisco, Pacific Research Institute for Public Policy, 1990), p.1ss
[2] ANTAKI, Mark, *Un-stating Law*, ahora, en DEDEK, Helge – VAN PRAAGH, Shauna, *Stateless Law – Evolving Boundaries of a Discipline* (editores), (New York, Ashgate, 2015), p.110.
[3] FUNDAÇÃO GETÚLIO VARGAS, *Relatório ICJ Brasil - 1º semestre 2017*, (São Paulo, FGV, 2017).
[4] FUNDAÇÃO GETÚLIO VARGAS, *Relatório ICJ Brasil – 2º e 3º semestres 2012*, (São Paulo, FGV, 2012).

Supremo Tribunal Federal. Caso tenhamos um presidente mais preocupado com ideologia e interesses pessoais, a sua escolha obviamente irá ser orientada por seus interesses, algumas vezes, até mesmo, bastante escusos.

Outro fator que interfere bastante na imagem do Judiciário perante à população é a questão da corrupção. Alguns membros do Poder Judiciário, infelizmente, podem estar envolvidos em esquemas de corrupção, como casos de venda de sentenças. Há esquema que envolvem também advogados e afeta também a imagem dessa categoria profissional tão imprescindível para o exercício pleno da justiça.

O presente trabalho se propõe a apresentar o conceito de *stateless law* que seria uma diferente modalidade de Direito, independente da atuação estatal. Para melhor o apresentar, será dada ênfase nas suas diferentes categorias e discutido se há viabilidade de o utilizarmos em algumas diferentes situações que vêm desafiando o cenário global, ressaltando vantagens e desvantagens em sua potencial aplicação.

O conceito de *stateless law*

O conceito de *Stateless Law* ainda não é objeto de estudo aprofundado na doutrina brasileira e em boa parte da literatura jurídica mundial. Essa forma de Direito não possui vinculação com o Direito estatal a que estamos habituados. Em uma tradução livre poderíamos classificá-lo como sendo o Direito sem Estado, ou, até mesmo, como Direito apátrida.

Ele pode ser melhor definido como uma forma de Direito em que o contexto social é mais importante que o seu texto[5]. Ele envolve uma mudança de paradigmas na análise do Direito: requer repensar o princípio da razão e reexperimentar e desconstruir o que hoje conhecemos como a disciplina jurídica[6].

Defini-lo como Direito apátrida simboliza parte de sua essência: o Direito que não é aceito por nenhum estado e, pelo contrário, que pode até estar sendo combatido pelos Estados. O Direito imposto pelas facções criminosas em uma favela latino-americana pode ser considerado uma forma de *stateless law*.

---

[5] MERRY, Sally Engle, *Stateless Law: Before, Inside and Outside the Law of the State*, ahora, en DEDEK, Helge – VAN PRAAGH, Shauna, *Stateless Law – Evolving Boundaries of a Discipline* (editores), (New York, Ashgate, 2015), p.3.
[6] ANTAKI, Mark, cit. (n. 3), p.112.

A nacionalidade não é a única característica que é questionada. Quando as normas são promulgadas por entidades que não são o Estado, elas podem vir a ter o seu caráter normativo questionado e não serem consideradas normas legais. Como dito por ELLIS, as normas nesse caso não possuem o *pedigree* necessário[7].

Entretanto, apesar de nem todas as normas serem oriundas do Estado ou necessitarem ser validadas por ele[8], não há como negarmos o caráter normativo dessas normas legais emanadas desde fora da esfera estatal. Quando se fala no direito imposto por uma facção dentro de um determinado território, esse direito é válido, é aplicado e é respeitado dentro desse local. Como podemos falar que as normas não existem ou não têm validade se elas cumprem o seu objetivo? Os limites que definem o que é que seria Direito e o que não seria Direito não estão claramente definidos.

Não se pode, contudo, categorizar todas as formas de *stateless law* como sendo um direito apátrida. O *stateless law* pode ser tanto o direito aplicado dentro dos

---

[7] ELLIS, Jaye, *Stateless Law: From Legitimacy to Validity*, ahora, en DEDEK, Helge – VAN PRAAGH, Shauna, *Stateless Law – Evolving Boundaries of a Discipline* (editores), (New York, Ashgate, 2015), p.134.
[8] ANTAKI, Mark, cit. (n. 3), p.112.

limites de atuação de uma grande multinacional, com a anuência dos estados, ou o Direito marginal dentro do território controlado por uma guerrilha ou organização terrorista:

> *Stateless forms of law range from the informal but clear rules of criminal organizations to the regulatory processes of small-scale societes to the ways the international human rights system monitors state behaviour*[9].

Stateless law pode ser definido como aquele que não depende do consentimento do Estado para sua validade[10] e que o contexto social é mais importante que o seu texto, não se encaixando nos modelos pré-definidos que se aplica às leis em geral[11].

A necessidade de seu estudo visa não unicamente a busca por soluções dos problemas de ordem jurídica no âmbito global, mas como também visa solucionar problemas relativos à crise do ensino jurídico[12] e, igualmente, compreender o fenômeno jurídico:

> Falarmos em Direito sem necessariamente falarmos em Estado acaba sendo condição fundamental

---

[9] MERRY, Sally Engle, cit (n.6), p. 3.
[10] ELLIS, Jaye, cit. (n.8), p.134.
[11] MERRY, Sally Engle, cit (n.6), pp. 2-3.
[12] DEDEK, Helge – VAN PRAAGH, Shauna, *Stateless Law – Evolving Boundaries of a Discipline* (editores), (New York, Ashgate, 2015), *prologue*.

para a compreensão do fenômeno jurídico, sob pena de esvaziarmos a normatividade inerente a determinados "direitos não oficiais", que muitas vezes, são mais determinantes que aqueles provenientes em instâncias centralizadas de decisão como a organização política estatal[13].

Impor ao Direito os limites da jurisdição estatal, doméstica ou internacional, reduz as possibilidades de solução de certos problemas de ordem global, alguns deles de difícil resolução. Como dito por ANTAKI, separar o direito do Estado é uma difícil tarefa existencial[14].

O modelo atual de Direito está indo em direção à falência, sua ineficiência crescente já é facilmente notada por todo o mundo. Essa falência é mais acentuada em nações governadas por governos autoritários e regimes que tentam usurpar os poderes institucionais existentes, como é o caso da Venezuela, da Rússia, do Irã, da Hungria e do Brasil.

A evolução em direção a um direito independente do Estado é possível, todavia, a legitimidade desses

---

[13] KÖCHE, Rafael – TEIXEIRA, Anderson, Um Direito Sem Estado? Direitos Humanos e a Formação de um novo Quadro Normativo Global, *Revista de Direito Internacional*, v.10, n.2, 2010 [DOI: 10.5102/rdi.v10i2.2561], p.98.
[14] ANTAKI, Mark, cit. (n. 3), p.110.

Direitos depende de circunstâncias particulares, devendo cada caso ser observado individualmente:

> *Law without constitutions might be valid on its own terms, but the production of law in the absence of the authority that a constitution bestows can be recognized as legitimate only on a case-by-case analysis of a range of factors such as the manner in which the particular rule was produced and the likely consequences of its application* [15].

Vale salientar que quando a autora se refere ao Direito sem constituição, ela reforça o entendimento de que *stateless law* se refere ao Direito sem Estado no sentido de ordenamento jurídico-constitucional, como veremos adiante ao falarmos de *stateless law before the state*.

Stateless law seria o direito integrante do ordenamento jurídico-constitucional? Esse direito que goza da "legalidade" e do fácil acesso aos órgãos jurídicos, domésticos e internacionais? SCHULTZ, nesse sentido diz, ao discutir a legalidade como determinante para o acesso à estrutura judiciária:

> *Again, this is not a question of legality ("is it law?"), but a question of belonging to a system. If a norm is part of any normative system (think of the rules of the mafia), it benefits from the machinery of that normative system, for instance its*

---

[15] ELLIS, Jaye, cit. (n.8), p.135.

enforcement mechanism (to be sure the mafia
has an enforcement mechanism for its rules)[16]

Percebe-se que o *stateless law*, nesse sentido, seria *law* – no sentido de direito – e a sua definição como "sem estado" está relacionada ao pertencimento, ou não, a um sistema normativo específico e ao seu sistema de execução.

ANTAKI afirma que devemos parar de observar as instituições legais sob o aspecto funcional para questionarmos, de certa forma as antropomorfizando, quais tipos de desejo elas possuem e o que pretendem fazer. O autor responde ao seu próprio questionamento atribuindo ao Estado os desejos de dominação e autoridade: *to feel like a state is to feel domination*[17].

O Direito não-estatal não é frequentemente utilizado como objeto de estudo e é visto, algumas vezes, como "menos Direito" em comparação com o direito estatal. Os Direitos Humanos, por exemplo, são assim enxergados por conta de seu sistema de aplicabilidade e execução menos robusto que o Direito estatal positivo[18].

---

[16] SCHULTZ, Thomas, *Transnational Legality: Stateless Law and International Arbitration* (Oxford, Oxford University Press, 2014), p.14.
[17] ANTAKI, Mark, cit. (n. 3), pp.109-110.
[18] MERRY, Sally Engle, cit (n.6), pp.1ss.

Contudo, as campanhas internacionais em prol dos Direitos Humanos não se restringem a elementos estatais para sua efetividade: elas incorporam elementos de direito nacional e internacional, assim como a mobilização pública[19], enfatizando que:

> *Actors who are disappointed – stakeholders in the community, firms denied or stripped of accreditation – are provided with various avenues for grievance and appeal*[20].

Os movimentos sociais ocupam uma posição de destaque dentre esses atores: eles utilizam dos meios jurídicos existentes para desconstruí-los e utilizam a burocracia do sistema para lutarem contra ela mesma[21]. Ainda há a advocacia social – *cause lawyering* – que funciona como importante instrumento para obtenção dos direitos almejados[22].

Há espaço na sociedade para imposição de novas regras, ocupando lacunas ou questionando as regras jurídicas impostas pelo Estado. Dentre os *stakeholders* da comunidade, enfatizamos a presença de grupos

---

[19] MERRY, Sally Engle, cit (n.6), p.3.
[20] ELLIS, Jaye, cit. (n.8), p.138.
[21] CAMPILONGO, Celso Fernandes, *Protestas Sociales Dentro del Derecho* (Lima, PUCP, 2012), p.27.
[22] SARAT, Austin - SCHEINGOLD, Stuart, *Cause Lawyers and Social Movements* (Stanford, Stanford University Press, 2006).

militantes das questões ambientais e humanitárias e a desestatização crescente dessas questões.

O *stateless law* depende, portanto, de certa forma do Estado: a melhor definição para *stateless law* seria defini-lo como aquele Direito que não está incluído no ordenamento jurídico estatal, mas que de alguma forma está relacionado com o Direito estatal, seja por ser adotado ou rejeitado pelo mesmo[23], não podendo dele se desvencilhar, como veremos mais adiante.

Apesar de ser possível atribuir características de direito consuetudinário ao *stateless law* em algumas de suas modalidades, não é possível confundirmos este com aquele. BENSON é crítico em relação ao direito estatal. Ele considera que o direito estatal é oriundo de uma autoridade coercitiva, requerendo o apoio de uma minoria poderosa, enquanto o direito consuetudinário requer uma aceitação coletiva para sua efetividade[24]

Os costumes podem, inclusive, fazer parte do ordenamento jurídico-constitucional como fonte do Direito. Por exemplo, o artigo 4º da Lei de Introdução ao Código Civil Brasileiro prevê a analogia, os costumes

---

[23] MERRY, Sally Engle, cit (n.6), p.6.
[24] BENSON, Bruce, cit. (n.2), *passim.*

e os princípios gerais do Direito como fonte para decisão dos juízes em caso de omissão legal.

Todavia, há modalidades de *stateless law* que não são consuetudinárias. O senso de comunidade que prevalece na aplicação do direito costumeiro[25] não é observado, por exemplo, em territórios controlados por organizações terroristas ou facções criminosas, onde, da mesma maneira que na jurisdição estatal, o Direito é imposto verticalmente a partir de cima.

Há ainda a questão de se o *stateless law* é direito ou não-direito. Há uma discussão, por SCHULTZ, sobre a relatividade na validade das normas, o que poderia nos levar a pensar que a definição de *stateless law* poderia vir a ser relativa, dependendo, portanto, da análise de cada observador e do contexto na qual cada espécie do direito sem estado esteja inserida:

> *The question of justiciability is the question of a norm's belonging to a given normative system. If it belongs to that normative system, it is enforceable, justiciable in that system. Consequently, the question "does legality determine what is justiciable, what is legally enforceable?" yields a negative answer. Justiciability is a question of "relative legality," not "absolute legality," as Chapter 5 will argue: relative legality asks the question "what does the legal system of*

---

[25] BENSON, Bruce, cit. (n.2), *passim.*

reference recognize as law?" or "is it law according to the legal system of reference?", not "is it law?"[26]

Os juristas devem abandonar o direito positivo do estado-nação como seu principal, às vezes, único, objeto de estudo. O questionamento a ser feito não é diretamente ao direito estatal, mas, sim, ao direito positivo dentro do conceito da nação-estado. Outrossim, enxerga-se uma possibilidade de "normalização" do *stateless law*, considerado como o direito de um estado – no sentido de status – de excepcional[27].

É importante, por derradeiro, trazer a fala de SCHULTZ afirmando que nosso discurso sobre o Direito é que constrói o que é o Direito. Se mudarmos nosso discurso sobre o que é o Direito, nós mudaremos esse também. Direito é qualquer coisa que façamos sê-lo[28].

---

[26] SCHULTZ, Thomas, *Transnational*, cit. (n.17), p.14.
[27] ANTAKI, Mark, cit. (n. 3), p.110.
[28] SCHULTZ, Thomas, Non-Analytical Obstacles to Stateless Law, *King's College London Dickson Poon School of Law Studies Research Paper Series*, n.40, 2017, p.3.

Os diferentes tipos de *stateless law*

O *stataless law* pode ser classificado em três diferentes tipos: o Direito antes do Estado, o Direito fora do Estado e o Direito (sem Estado) dentro do Estado[29]. Iremos abordar como objeto de estudo cada uma das três classificações individualmente. Isso possibilitará uma compreensão mais aprimorada das individualidades de cada tipo de *stateless law*.

Vale ressaltar, no entanto, que a classificação do *stateless law* em três espécies não o limita e nem impede de que haja novas maneiras de classifica-lo. Como veremos adiante, em algumas situações os diferentes tipos se confundem e se torna difícil encaixá-los em uma categoria específica. Não obstante, pedagogicamente a classificação de MERRY se mostra eficiente e adequada.

O Direito antes do Estado[30]

---

29 MERRY, Sally Engle, cit (n.6), p.3.
30 Essa tradução livre foi utilizada para simplificar a leitura e a

Quando se fala que *stateless law existed before states did* nos referimos ao Direito que precede o Estado na perspectiva historico-temporal. MERRY afirma que *stateteless law* existia mesmo antes da existência do Estado[31]. Será que esse seria seu verdadeiro sentido?

Perguntaríamos, primeiramente: quando teria sido o surgimento do Estado e, por conseguinte, do Direito estatal? **Não pretendemos, entretanto, nos aprofundar em definições do que é, foi ou deixa de ser Estado.** A questão é que a autora menciona que as sociedades por milhares de anos conseguiram se regular antes de aparecer o Estado[32]. Isso nos faz entender o Direito antes do Estado, na visão dela, como o Direito surgido antes da formação de ordenamentos jurídicos-constitucionais.

Contudo, há referências da autora à existência desse modelo de *stateless law* na atualidade, o que evidencia que estamos falando de uma espécie de

abordagem do tema. A tradução mais coerente para a expressão *stateless law before the state* seria: O direito sem estado antes do estado. Contudo, evitaremos seu uso para não poluir o texto, sem comprometimento da devida discussão sobre o seu conceito.

[31] MERRY, Sally Engle, cit (n.6), p.3: a sua afirmação não se relaciona à existência do Estado moderno, devidamente conceituados, e, sim a estruturas que a ele se assemelham, evitando anacronismos.

[32] MERRY, Sally Engle, cit (n.6), p.3.

direito "primitivo" ou "selvagem". Ela mesma confirma essa ideia ao explicitar que na falta de qualquer processo legal ou instituições, a necessidade de manter as relações sociais serve para produzir um comportamento "seguidor da lei"[33].

Além disso, há a menção a sociedades sem estado que desenvolvem normas compartilhadas e gerenciam conflitos através de processos como mediação, negociação e decisões de líderes, definida por ela como uma possível forma de arbitragem. Enfatiza, ainda, a não-existência de autoridades formais nessas sociedades[34].

Isso demonstra que o "Direito antes do Estado" não teria, na verdade, o sentido temporal: não seria o *stateless law* que existiu antes do surgimento do conceito de Estado ou de ordenamentos jurídicos-constitucionais como atualmente conhecemos. Ele seria uma espécie de Direito existente sem alguma espécie de autoridade formal estabelecida.

Os exemplos referenciados fortalecem esse raciocínio. O primeiro deles, mencionado por MERRY, seria o caso dos pastores nômades do Sudão que controlavam suas disputas relacionadas a homicídios

---

[33] MERRY, Sally Engle, cit (n.6), pp.3ss.
[34] MERRY, Sally Engle, cit (n.6), pp.3ss.

através do medo da violência que seria gerada caso o homicida não pagasse a devida compensação à família da vítima[35].

CHAMBERLIN e BLOCK mencionam os celtas irlandeses como uma *stateless society*. Não havia justiça controlada pelo Estado, polícia, legislativo ou qualquer forma de aplicação pública das leis. Havia, entretanto, uma classe de juízes chamada "brehons". Eles eram conhecidos pela sabedoria e eram procurados livremente pela população para a resolução de seus conflitos[36].

Na atualidade, ainda se nota vestígios de um *stateless law before the state* em sociedades tribais como, por exemplo, algumas comunidades indígenas ou tribais. Nelas os líderes, sejam religiosos ou não, utilizam de seu reconhecimento pelos liderados como instrumento de resolução de litígios envolvendo a população local[37].

Apesar de possuírem suas respectivas tradições legais, algumas dessas comunidades estão localizadas

---

[35] MERRY, Sally Engle, cit (n.6), pp.3ss.

[36] CHAMBERLIN, Antón – BLOCK, Walter, The case for the stateless society: Law, *Acta Economica Et Turistica*, v.3, n.2, 2007, pp.98-184 [DOI: 10.1515/aet-2017-0012], p.111.

[37] MERRY, Sally Engle, cit (n.6), pp.3ss.

dentro de ordenamentos jurídicos-constitucionais distintos e de certa forma devem seguir suas leis.

Poderia se afirmar, nesse sentido, que a organização legal dos indígenas – ou *first nations* – em determinados países e dentro de suas respectivas comunidades, por exemplo, pode ser considerada uma forma de *stataless law*, por terem as suas tradições vigentes como forma de organização jurídica da sociedade.

Alguns territórios, como, por exemplo, o povoado pelos Yidindji, na Austrália, pleiteiam – e gozam de certa – autonomia e regulam temas de interesse local: desde os litígios entre os habitantes à administração do trânsito[38]. Essa autonomia, em forma de organização política-administrativa-judiciária quebra o sentido da existência de um *stateless law* local.

A existência desses territórios autônomos indígenas é atualmente tutelada pela Declaração das

---

[38] No território governado pelos Yidindji há, até mesmo, a designação de ministros (são dez ministros) e outros órgãos administrativos e judiciários. O território, inclusive, possui sua própria organização de trânsito, emitindo suas licenças para veículos ou permissões para dirigir. – Yidindji Government Official Website, 2018 [visible en: http://www.yidindji.org].

Nações Unidas sobre os Direitos dos Povos Indígenas que prevê, em seu artigo 4º, que:

> Os povos indígenas, no exercício do seu direito à autodeterminação, têm direito à autonomia ou ao autogoverno nas questões relacionadas a seus assuntos internos e locais, assim como a disporem dos meios para financiar suas funções autônomas[39].

Ocorre que, nesse caso, é evidente, também, que há regulação do direito internacional estatal acerca da autonomia do direito dessas populações. Apesar de serem referenciadas como exemplos de *stateless law before the state*[40], esses ordenamentos na atualidade ficam impossibilitados de assim serem definidos por serem obrigados a conviver de alguma forma com o Estado, podendo se encaixar em alguma das outras definições de *stateless law* que analisaremos adiante.

Percebe-se, como ponto em comum nos exemplos dados, portanto, a ausência de um corpo legal escrito e da informalidade na aplicação de suas regras, leis costumeiras e tradições: estaríamos diante de um direito

---

[39] Organização das Nações Unidas, Declaração das Nações Unidas sobre os Direitos dos Povos Indígenas, 2007 [visible en: http://www.un.org/esa/socdev/unpfii/documents/DRIPS_pt.pdf].
[40] MERRY, Sally Engle, cit (n.6), pp.1ss.

puramente consuetudinário e que atuaria independente da regulação estatal.

Nesse sentido, vale mencionar a *lex mercatoria* que regulou o comércio global em uma época onde não havia governança internacional, nem leis ou tratados sobre a matéria. Os litígios eram resolvidos no âmbito privado, em tribunais neutros e gerenciados pelos próprios mercantes, em vez de serem levados aos tribunais estatais. Isso permitia uma maior flexibilidade e autonomia aos mercantes que tinham suas demandas mais facilmente, e justamente, resolvidas[41].

Diante disso, a interpretação de que *before the state* significaria o Direito que subsidia a criação do Estado, ou seja, o direito originário, que legitima a existência de qualquer Estado, não se sustenta. Não há o evidente sentido de originário no *stateless law before the state* e, sim, o sentido de um Direito que precede o Estado ao ignorar a sua existência, seja pelo seu conceito ser desconhecido, seja por quaisquer outros motivos.

---

[41] CHAMBERLIN e BLOCK, cit. (n.**Erro! Indicador não definido.**), pp.111-112.

O Direito fora do Estado

O que se entenderia como Direito fora do Estado? MERRY o define como aquele que existe onde o Estado não conseguiu penetrar. Menciona as organizações criminosas, os terroristas, os grupos secessionistas, as atividades de contrabando nas regiões de fronteira, as zonas onde a lei estatal não chega e, também, sistemas legais internacionais que se sobrepõem às leis domésticas, como os direitos humanos[42].

Por um lado, percebe-se que há duas grandes categorias de *stateless law outside the state*: uma relacionada a um direito marginal que, apesar de ocorrer dentro dos limites territoriais de determinado país, ele ocorre à sua revelia. O outro é o Direito literalmente fora do Estado, que são as regras de Direito que envolvem diferentes países.

Nesse sentido, não é simples identificar o que relacionaria esses dois tipos tão distintos de Direito. O que significaria "fora do estado"? No sentido institucional ou territorial? Para responder a esse questionamento e para melhor esclarecer como o conceito de *stateless law* se aplica nessas duas diferentes

---

[42] MERRY, Sally Engle, cit (n.6), p.6.

situações e para melhor entender o que seria o *stateless law outside the state*, vamos analisar os conceitos separadamente.

O Direito às margens do Estado

Percebe-se que há um considerável número de entidades não-estatais controlando ordenamentos jurídicos próprios às margens dos estados que lhes abrigam: Estado Islâmico, FARC e outros criminosos no Brasil e em países latino-americanos, Frente Polisario, no Saara Ocidental, e grupos secessionistas, e outros intermináveis exemplos.

O *stateless law*, nesse sentido, seria aquele direito surgido dentro do território estatal, mas, mesmo estando sob certo controle das leis do Estado, possui o seu próprio corpo legal que regulamente as atividades do dia-a-dia e os conflitos jurídicos dentro da comunidade[43].

Uma das justificativas é que problemas nacionais não resolvidos enfraquecem os seus respectivos governos e tornam os ambientes propícios para que

---

[43] MERRY, Sally Engle, cit (n.6), p.6.

forças fora do estado possam operar. Nessa hipótese de *stateless law* fora, ou às margens, do Estado, os grupos que não são beneficiados ou são excluídos pelo – ou simplesmente discordam do – direito de determinado país, *they will instead provide themselves, with the legal rules they require, using the means at their disposal*.[44]

Diante dessa criação de um ordenamento jurídico próprio, com suas próprias leis e órgãos executores, a reação do Estado, na maioria das vezes, é forte: há uso da força para manter-se no controle dessas regiões, mesmo que nem sempre consiga.

Poderíamos dizer que no caso dessas organizações paraestatais, eles estariam impondo a sua organização – mesmo que adotando táticas repreensíveis para se manterem no domínio do território ocupado – algumas vezes negligenciado – do inimigo.

Poderíamos falar em direito *outside the state* nesse caso? Sim, pois o conceito de "fora do estado", nesse caso, é estar fora do ordenamento jurídico estatal. Contudo, muitos desses grupos, e suas respectivas normas, já se encontram internacionalizados, o que

---

[44] ELLIS, Jaye, cit. (n.8), p.137.

impede, muitas vezes, o controle efetivo do(s) Estado(s).

O tráfico de drogas, o contrabando de armas, a lavagem de dinheiro e as atividades terroristas se mostram acima de controle efetivo dos estados, individualmente, e, até mesmo, da comunidade internacional como um todo. Muitas dessas atividades se tornaram grandes negócios que movimentam mais que o Produto Interno Bruto de diversos países[45].

MERRY exemplifica essa forma de Direito mencionando práticas de corrupção em regiões fronteiriças no Chade. Grupos criminosos cobram propina, contrabandistas utilizam a fronteira para escoar bens ilícitos e membros da comunidade local seguem normas informais sobre como oferecer propina e evitar que o governo descubra[46].

A própria internet é um espaço propício ao desenvolvimento de atividades criminosas de caráter internacional. Pode existir espaços que estão sendo ou venham a ser utilizados para que atividades criminosas sejam praticadas impunemente. Principalmente em uma

---

[45] SCHACHTER, Oscar, The Decline of the Nation-State and its Implications for International Law, *Columbia Journal of Transnational Law*, v.36, 1998, p.15.
[46] MERRY, Sally Engle, cit (n.6), p.6.

era de extrema digitalização das atividades: ambientes que se tornam propícios para a atuação de *hackers* e realização de transações ilegais na *deep web*, estamos presenciando a criação proposital de limbos jurídicos:

> *Transnational space is bustling with activity. This space is often understood to be a place of refuge for actors that wish to avoid legal limitations and obligations, and certainly it can be used in this way[47].*

Esses grupos podem estar restritos ao território de um único país ou podem ter a sua atuação em toda uma região ou, mesmo, em todo o mundo. O que faz o seu ordenamento jurídico ser considerado *stateless* é o fato de que ele opera independentemente do funcionamento do Estado. Onde esse grupo opera, o seu Direito estará, variando, obviamente, conforme o grau de repressão estatal no local de sua aplicação.

O crescimento e desenvolvimento global dessas atividades, segundo Schachter, escancarariam a fraqueza dos estados-nações, seus respectivos ordenamentos jurídicos, e do sistema legal internacional. Apesar do combate a essas atividades estar na agenda dos países e dos organismos internacionais, para o autor, com a

---

[47] ELLIS, Jaye, cit. (n.8), pp.133-134.

diminuição no poder dos estados, ficaria cada vez mais difícil superar o crime organizado.[48]

Ainda dentro dessa espécie de *stateless law*, estariam os grupos separatistas que não podem ser confundidos com organizações criminosas. Pode haver, entretanto, às vezes, um limite sutil entre uma organização criminosa que controla determinado território e um povo que esteja lutando por sua autodeterminação.

Esses grupos são definidos por SCHACHTER como identidades subestatais. Elas desafiariam a autoridade central de um estado jurídico e alegariam que seus anseios são em nome de um povo em face da dominação "estrangeira" de um estado[49].

Um outro exemplo trazido por MERRY são os nômades que seriam governados pelos seus próprios padrões e sistemas de resolução de conflito, sem o controle do Estado. Contudo, esse exemplo se confunde com o *stateless inside the state* – os nômades podem estar vivendo dentro de um estado, ou com o próprio *stateless before the state*, regras originárias que desconhecem o Estado.

---

[48] SCHACHTER, Oscar, cit. (n.46), p.15.
[49] SCHACHTER, Oscar, cit. (n.46), p.16.

O Direito Internacional

O direito internacional e o sistema de direitos humanos podem ser considerados como uma forma de *stateless law outside the state*. Esse sistema seria parte de um regime de tratados multilaterais, acordos e diretrizes[50] envolvendo estados e, igualmente, organizações multinacionais.

Contudo, nos questionamos sobre a afirmação de que o direito internacional, com seus tratados, seria uma forma de *stateless law*. Elas não seriam uma forma de direito estatal? Dentro de um ordenamento jurídico é mais fácil definir o que seria legal ou não seria legal. Simplesmente definiríamos como *stateless* as normas que não fazem parte do corpo legal estatal. Mas no âmbito do Direito Internacional, o que as definiria?

SCHULTZ responde a esse questionamento afirmando que:

> *"the officials of the legal system decide what they recognize as law, thereby exerting the powers bestowed upon them by the system's secondary rules of recognition"*[51].

---

[50] MERRY, Sally Engle, cit. (n.6), p.6.
[51] SCHULTZ, Thomas, *Transnational,* cit. (n.17), p.14.

Ou seja, poderíamos entender como sendo "sem estado" aquelas normativas que não seriam reconhecidas, diretamente, pelos estados, domesticamente ou em âmbito internacional, como sendo integrante de seu corpo legal.

Nesse sentido, SCHULTZ discute a dificuldade em definir o que seria considerado legal ou não-legal pelo sistema internacional e reafirma o caráter legal do Direito Internacional: *if international law is not law, if the system of international law is not law, when what that system recognizes as its own is not law either*[52]

Discutimos, como visto, a recepção do Direito Internacional e suas regras como legal pelos ordenamentos estatais. Mas qual seria a relação dessa legalidade com o conceito de *stateless law*? Porque a recepção dessas leis pelos ordenamentos estatais é fundamental para as defimirmos como *stateless law* ou não.

A fala de MERRY ao explicar que *another form of stateless law outside the state is international law and the human rights system* nos faz questionar se a autora se referiu ao direito internacional como um todo ou somente as

---

[52] SCHULTZ, Thomas, *Transnational* cit. (n.17), p.14.

normas relacionadas de certa forma aos Direitos Humanos e o seu sistema.

A autora faz menção ao direito internacional consuetudinário ao comparar essa forma de *stateless law* com o *village law*. Para explicar essa relação, ela aborda os princípios não-executados como a Declaração Universal dos Direitos Humanos, mencionando que esses princípios evocam o tipo de direito que regula a vida comunitária fora dos estados[53].

Ou seja, entende-se que os Direitos Humanos seriam considerados uma forma de *stateless law*, assim como as regras de direito internacional que não fossem executáveis. Essas normas poderiam ser consideradas como *stateless law beyond the state*. Sua executividade está relacionada a questões como reputação e pressões perante a comunidade internacional[54]. Apesar de não serem diretamente executáveis, pelos instrumentos de jurisdição estatais, são colocadas em prática através da coerção, da persuasão e/ou da aculturação, oriundas de governos de outros países[55] ou de organizações com

---

[53] MERRY, Sally Engle, cit. (n.6), p.6.
[54] MERRY, Sally Engle, cit. (n.6), pp.6-7.
[55] GOODMAN, Ryan – JINKS, Derek, How to Influence States: Socialization and International Human Rights Law, *Duke Law Journal*, 54, 3, 2004 [DOI: 10.2307/40040439].

atuação transnacional que militam a favor de interesses coletivos e globais[56].

---

[56] KRIESBERG, Louis, *Social Movements and Global Transformation*, ahora en SMITH, Jackie - CHATFIELD, Charles - PAGNUCCO, Ron, *Transnational Social Movements and Global Politics* (Syracuse: Syracuse University Press, 1997), *passim.*

Stateless law inside the State

São diversos tipos de *stateless law inside the state*. Alguns exemplos foram dados para melhor contextualizar o leitor no conceito. O primeiro exemplo dado envolve as organizações que mantêm seus próprios códigos de conduta e seus sistemas judiciais próprios, como universidades e empresas. Entende-se que essas instituições possuem certa autonomia em seus estatutos, inclusive, até mesmo, com o poder de polícia.

Contudo, esse direito é limitado e obrigatoriamente segue os limites impostos pelo ordenamento jurídico estatal. Há a possibilidade de se buscar os tribunais estatais para tratar de temas internos dessas instituições. De certo modo, é complexo identificar em qual ponto os regulamentos instituídos por uma empresa podem ser considerados como uma espécie de Direito independente do Estado.

O outro exemplo dessa espécie de *stateless law* diz respeito às comunidades semiautônomas que possuem autonomia suficiente para exercer jurisdição sob os seus membros, como as comunidades indígenas em determinados países. Além disso, foram citadas as zonas especiais econômicas que possuem regime jurídico diferenciado e permite interações diferenciadas.

Como derradeiro exemplo, há os bolsões em determinadas áreas urbanas ou rurais que são impermeáveis ao direito estatal: são governados por um direito alternativo e com um sistema judicial diferenciado. Apesar desse exemplo incluir grupos como os indígenas, isso não seria um exemplo que se aplicaria às áreas dominadas por grupos criminosos? A resposta é não. A diferença é que nesse caso, o direito a aplicar seu próprio direito é regido, de alguma forma pelo estado.

O *stateless inside the state* é, como visto, a mais limitada forma de *stateless law*. Por estar dentro do ordenamento do Estado, este direito é obrigado a ser regulado pelo Estado que decide o grau de autonomia desses direitos. Ao pensar nos exemplos dados, poderíamos aduzir que mesmo dentro dos limites estatais, um determinado conjunto de normas pode ser considerado uma forma de Direito autônoma e independente do Estado, mantendo a essência do *stateless law*.

Essa forma de Direito seria uma importante fonte para o surgimento de um *stateless law* vigente globalmente. Isso se dá pelo aspecto transnacional de muitas corporações e de como elas atuam internacionalmente. Mesmo legitimada e até mesmo tutelada pelo ordenamento jurídico-constitucional de diferentes nações, essa espécie de Direito pode estar vindo substituir, cada vez mais, o direito estatal em diversos campos.

Como visto anteriormente, o *stateless law* poderia ser considerado *stateless* por causa de seu não-pertencimento a um sistema normativo[57]. Contudo, no caso do *stateless law inside the state*, estaríamos fazendo menção a normas estabelecidas em consonância com as normas estatais.

Até que ponto poderíamos afirmar que as mesmas são "sem estado"? Nesse sentido, as regras impostas dentro de um condomínio poderiam ser *stateless law*? Não há, contudo, resposta correta a essas perguntas. Poderíamos dizer sim ou não a depender da perspectiva que enxergamos essas normas.

---

[57] SCHULTZ, Thomas, *Transnational*, cit. (n.27), p.14.

Críticas (ou não) ao *stateless law*

Alguns dos principais desafios encontrados em um processo de desestatização do Direito seriam a instabilidade das normas jurídicas e a dificuldade em encontrar um consenso global sobre quais os valores a serem seguidos.

Um dos questionamentos a serem feitos em relação ao *stateless law* é em relação à fonte de seu poder. A legalidade do direito significa autoridade, ou seja, um direito que permite a si mesmo ser efetivado. O fato de um direito ser considerado como Direito pelo ordenamento estatal lhe garante uma autoridade adicional[58].

Como visto anteriormente, o direito sem estado existe nas mais diversas formas. Se analisarmos no sentido de direito comunitário, o poder estaria na comunidade que admite esse direito como legítimo e vigente. Por outro lado, no caso de algumas comunidades fora do estado, essas mesmas podem possuir ordenamentos jurídicos próprios, na forma escrita e um poder judiciário organizado, da mesma

---

[58] SCHULTZ, Thomas, *Non-Analytical,* cit. (n.29), p.5.

forma que instituições dentro do estado também podem o ter, na sua devida proporção.

Percebe-se, portanto, que não há como falarmos na origem do poder de cada espécie de *stateless law* sem que haja uma análise individual de cada direito e de cada ordenamento. O direito sem estado é um gênero que abarca diversas espécies.

Esse gênero chamado *stateless law* é um desafio para os juristas com a sua potencial expansão. ELLIS aponta os processos de de-*democratization, de-juridification* e *de-politicization* como riscos e perigos desse processo[59]. Haveria o risco, portanto, de um aumento dos índices de corrupção e um retorno ao processo colonizatório, com a imposição, aos países menores, as regras e valores dos países mais influentes, como mencionado por GOODMAN e JINKS[60]. Não haveria, portanto, a garantia que os problemas atualmente enfrentados pelo Direito – o não atendimento às demandas da sociedade – seriam devidamente sanados.

Confrontamo-nos com a complexidade de problemas e de estruturas de governança que privilegiam as vozes dos profissionais e *experts*, o que

---

[59] ELLIS, Jaye, cit. (n.8),
[60] GOODMAN, Ryan – JINKS, Derek, cit. (n.55).

dificultaria a existência de um grande processo democrático inclusivo. Nesse momento é importante que se volte a atenção à criação de vias para tornar as estruturas transnacionais e internacionais mais abertas à sociedade civil[61].

BENSON questiona como os direitos iriam impor a sua legitimidade caso houvesse a falência do Estado. Métodos não-violentos se tornariam direito consuetudinário, explicando o que ocorreria caso houvesse ruptura do estado[62]. No mesmo sentido, CUMYN questiona se nesse caso as normas legais se tornariam indistinguíveis das outras normas, tornando o sistema incoerente[63].

A Somália seria um exemplo recente do que aconteceria em caso de ruptura do Estado. Após um período de guerras, o estado somali praticamente inexiste. O Direito, nesse caso, provem de quatro diferentes fontes: o judiciário estatal formal, um sistema chamado "xeer" que consiste no direito tradicional dos clãs, os tribunais religiosos da *shari'a* e iniciativas da

---

[61] ELLIS, Jaye, cit. (n. 8), p.138.
[62] BENSON, Bruce, cit. (n.2), *passim*.
[63] CUMYN, Michelle, *The Structure of Stateless Law*, ahora, en DEDEK, Helge – VAN PRAAGH, Shauna, *Stateless Law – Evolving Boundaries of a Discipline* (editores), (New York, Ashgate, 2015), p.71.

sociedade civil e do setor privado, assim como a atuação de milícias, como expõe LE SAGE[64].

A coexistência desses sistemas enfatiza que mesmo com a ausência do Estado, ou com a ausência de um estado forte, a sociedade se autorregula. O *stateless law* abarca o espírito autorregulatório da sociedade e o seu estudo permite compreender esses processos, evitando potenciais danos.

---

[64] LE SAGE, Andre, *Stateless Justice in Somalia: Formal and Informal Rule of Law Initiatives* (Geneva, The Centre for Humanitarian Dialogue, 2005), p.7.

O *Stateless Law* na secessão

Quando falamos em secessão, imaginamos determinada parte de certo território, fazendo uso de seu direito à autodeterminação, declarando-se independente do território nacional original. Na atualidade, são vários os territórios governados por separatistas: Abkhazia, Nagorno-Karabakh, Somalilândia e Curdistão, por exemplo. Nesses territórios, os governos locais, separatistas, controlam *de facto* o território, inclusive impondo os seus ordenamentos jurídicos próprios.

Não falamos somente em *stateless law outside the state*, mas, falamos também, em *stateless law before the state*. Tratamos de uma forma de direito não-estatal que ultrapassa a jurisdição do Estado e não a admite como legítima para a sua população. Ao mesmo tempo, estamos analisando o Direito sendo originado: essa nação que se torna independente, dependerá do Direito para se auto-regular. Ou seja, deverá criar o seu próprio Direito[65]. Além disso, necessitarão do Direito para serem consideradas integrantes da comunidade internacional e respeitadas como nações soberanas[66].

A observância aos direitos não-estatais garante o respeito, por exemplo, aos direitos humanos por parte de novos países, mesmo recém-criados e com ordenamentos jurídicos completamente novos: os países estão cada vez menos autônomos e soberanos na elaboração de suas políticas domésticas.

Eles servem como base para estes novos ordenamentos, seja através da coerção, da persuasão e/ou da aculturação, oriundas de governos de outros países ou de organizações com atuação transnacional que militam a favor de interesses coletivos e globais.

Dentro da nova dinâmica global onde a tecnologia cada vez mais avança e cria desafios jurídicos inéditos, os institutos *Seasteading* e *Blue*

---

[65] Ellis (2015, p.133-4): *"newly independent states are bound under many circumstances by conventions entered into and costumary law acquiesced to on their behalf by their colonial masters"*.

[6666] Op.cit: *"however, the fact that newly independent states are subject to international law in these circumstances is brought about through the operation of a series of rules regarding the imposition of international rules on entities that come to be recognized as states"*.

Frontiers propuseram o programa piloto *Floating Island Project* que consiste na construção de ilhas artificiais que seriam soberanas e seriam compostas por pequenas porções territoriais possuindo mobilidade de se mover em direção a outra ilha caso não concorde com o governo em vigor na sua ilha original.

Um de seus *slogans* é *"Reimagining Civilization with Floating Cities.* O projeto desafia o conceito até então discutido de autodeterminação e de sua admissibilidade pela ordem internacional. Caso implementado, o projeto daria autonomia aos proprietários das pequenas frações territoriais e, dando certo, serviria como modelo para outros projetos similares.

O reconhecimento de certo território como soberano é o produto de um sistema legal fortemente influenciado pela política, portanto, caso isso seja de interesse dos grandes *players* globais – públicos ou privados – muito provavelmente a comunidade internacional viria a reconhecer a autonomia jurídica dessas "ilhas"-nações.

Uma possibilidade que se abre é a construção dessas "ilhas" em territórios nacionais que lhes concedam soberania e autonomia jurídica. Por exemplo, em alguma das micro-nações da Oceania. Não é difícil vislumbrar essa possibilidade se interpretarmos o comportamento permissivo de algumas nações dessa região com atividades contrárias ao sistema financeiro internacional e com a concessão de parte de seus respectivos territórios para instalação de controversas bases australianas.

Várias nações abrigam bases militares estrangeiras em seus territórios: essas bases representam espaços soberanos de outras nações. Nauru abriga o *Nauru Regional Processing Centre* que é um centro de detenção *offshore* australiano onde há alegações de violações aos Direitos Humanos. São limbos jurídicos artificialmente criados para que os verdadeiros responsáveis pelas ações não sejam devidamente responsabilizados.

Quando aventamos a possibilidade da construção dessas pequenas ilhas em território internacional, nos deparamos com o exemplo do Principado de Sealand que foi estabelecido em 1967 em uma instalação abandonada pelos britânicos no Mar do Norte.

A instalação que funcionou como base naval britânica durante a Segunda Guerra, foi ocupada Paddy Roy Battes. O governo britânico tentou expulsá-lo da instalação, mas uma corte britânica, em 1968, decidiu que a instalação ficava em águas internacionais e que a Grã-Bretanha não tinha competência sobre o território.

Apesar de ter estado – agora não mais por conta da expansão do mar territorial britânico - em território internacional, Sealand não teria sido considerado um país, pois a Convenção das Nações Unidas sobre o Direito do Mar, em seu artigo 60, VIII, estabelece que:

> "As ilhas artificiais, instalações e estruturas não têm o estatuto jurídico de ilhas. Não têm mar territorial próprio e a sua presença não afeta a delimitação do mar territorial, da zona econômica exclusiva ou da plataforma continental. (ONU, 1982)".

Esse seria um obstáculo ao Projeto Seasted que não seria facilmente considerado um território pelo seu caráter artificial. Contudo, isso não os impediria de se autodeterminarem como nações, principalmente por estarem em território sem dono. Não adiantaria a implantação de um ordenamento jurídico soberano e novo se não houver reconhecimento dos seus pares.

Há vários exemplos de micronações que se autoafirmaram a partir de um território sem dono. Liberland é um exemplo: o político checo Vít Jedlička, em abril de 2015, proclamou a República Livre de Liberland em um território objeto de disputa entre a Croácia e a Sérvia. O território que Liberland ocupa é considerado pela Croácia como parte integrante do território sérvio. A Sérvia, por sua vez, não pleiteia o território. Isso inseriu esse território em um limbo jurídico, caracterizando a região como *terra nullius*.

Utilizando argumento similar, a *startup* americana Blueseed está criando uma comunidade de *startups* em um navio ancorado a 12 milhas náuticas da costa oeste norte-americana, em águas internacionais, não se submetendo às autoridades estadunidenses.

O principal obstáculo decorrente dessas situações é a aplicação da lei nesses territórios. Anteriormente falávamos do processo de independência de territórios nacionais com determinada organização: da Catalunha ao Curdistão. Mas, com o avanço da tecnologia, falamos de territórios completamente novos.

Esses espaços podem - como já estão sendo - ser utilizados para que atividades criminosas sejam praticadas impunemente. Principalmente em uma era de extrema digitalização das atividades: ambientes que se tornam propícios para a atuação de *hackers* e realização de transações ilegais na *deep web*, estamos presenciando a criação proposital de limbos jurídicos:

> *"transnational space is bustling with activity. This space is often understood to be a place of refuge for actors that wish to avoid legal limitations and obligations, and certainly it can be used in this way* (ELLIS, 2015, p.133-4).

Nesse ambiente percebemos a necessidade urgente de se discutir o *stateless law*: quem irá regular as atividades que ocorrem nessas localidades – independentes, em processo de independência ou em território internacional? Os limites jurisdicionais do Estado já estão sendo suficientemente desafiados.

A atuação ou criação de um órgão de governo supranacional

Se imaginarmos a impossibilidade da existência do Direito sem a existência do Estado, levando em consideração que o mesmo permaneceria hoje como um protagonista na execução de políticas domésticas e internacionais, as principais propostas no que diz respeito da regulamentação transnacional envolveriam a criação de uma instância superior internacional ou a remodelação de alguma já existente, a Organização das Nações Unidas (ONU), por exemplo. Não necessitando, entretanto, de que essa instância adotasse modelos de Estado.

Atualmente várias entidades internacionais operam como órgãos com capacidade de regulamentação sobre seus signatários. Esses órgãos têm o poder de deliberar e os estados que a eles se sujeitam devem seguir essas deliberações: essa é parte da essência do direito internacional público.

Exemplificando essa fala, nos remeteremos à Corte Interamericana de Direitos Humanos, que em janeiro de 2018, em resposta a uma consulta realizada pela Costa Rica, deliberou que os países signatários da Convenção Americana de Direitos Humanos e que reconhecem a sua competência, são obrigados a garantir a proteção às famílias compostas por casais do mesmo sexo:

> *"De acuerdo a los artículos 1.1, 2, 11.2, 17 y 24 de la Convención es necesario que los Estados garanticen El acceso a todas las figuras ya existentes em los ordenamientos jurídicos internos, incluyendo El derecho al matrimonio, para asegurar la protección de todos los derechos de lãs familias conformadas por parejas del mismo sexo, sin discriminación com respecto a las que están constituidas por parejas heterosexuales, em los términos estabelecidos em los párrafos 200 a 228* (CIDH, 2018)".

Essa decisão afeta países signatários que possuem restrição constitucional ao casamento igualitário e possuem governos – e grande parte da população – contrários à democratização do casamento em seus países.

Ocorre que os estados signatários se submetem às deliberações dessas entidades enquanto estiverem a elas vinculados: por exemplo, em 2018, a Venezuela sofreu ameaças de retaliação pela Organização dos Estados Americanos, por conta das violações aos Direitos Humanos que ocorrem em seu território. Contudo, a Venezuela já se encontra em processo de saída da organização, o que não a obrigará mais a seguir as regras impostas pelo grupo.

Em um cenário de predominância do *stateless law*, essas entidades poderiam vir a ganhar mais espaço. Mas, se não houvesse modificação do *modus operandi* dessas organizações, suas deliberações continuariam dependentes da vontade dos Estados.

Os países que têm poder suficiente para influenciar globalmente a comunidade de nações criando normas internacionais de direito consuetudinário não irão, certamente, promulgar ou seguir normas que permitam o reconhecimento de direitos que lhes ameacem.

Em abril de 2018, os Estados Unidos com o apoio de algumas nações ocidentais, bombardearam a

Síria alegando que o governo Al-Assad estaria usando armas químicas contra a sua própria população. Essa ação militar não foi autorizada ou coordenada previamente pelo Conselho de Segurança da ONU.

A Carta das Nações Unidas (ONU, 1945) prevê que o Conselho de Segurança da Organização das Nações Unidas pode determinar uma ação militar para minar qualquer ação que ameace a segurança internacional. Ou seja, se autorizado pela ONU, há a viabilidade de operações militares invadindo, por exemplo, uma nação que esteja colocando a ordem internacional em risco, fim de manter ou restabelecer a paz e a segurança internacionais.

Ocorre que no ataque à Síria não houve o claro objetivo de restabelecer a paz e a segurança internacionais. A Síria em nenhum momento estaria utilizando as armas químicas contra outras nações: era um assunto interno. A intervenção militar por conta de questões internas de determinado país escancara a seletividade da indignação que motiva as ações.

Deve-se, igualmente, enfatizar o papel do Conselho de Segurança, conforme os artigos 39 a 42, na deliberação sobre o que seria "qualquer ameaça à paz, ruptura da paz ou ato de agressão" e sobre quais medidas seriam tomadas. Qualquer ação é submetida a uma Comissão de Estado Maior, criada com o intuito de auxiliar o Conselho no planejamento das ações militares, nos termos dos artigos 46 e 47.

A Carta das Nações Unidas ainda está ungida pelo colonialismo em seu artigo 73 que prevê a situação de Membros das Nações Unidas, que assumiram ou assumam responsabilidades pela administração de territórios cujos povos não tenham atingido a plena capacidade de se governarem a si mesmos.

Esse pensamento está em consonância com os artigos supra-analisados que prevêem a intervenção em uma nação caso o Conselho de Segurança decida. Porém, nesse caso, estamos falando do uso da força e do poder estratégico na definição de ações: o Conselho de Segurança não irá confrontar diretamente os atos de seus membros.

A própria Organização das Nações Unidas
vem solicitando o fechamento da Prisão de
Guantánamo e critica posicionamento contraditório
estadunidense[67]. O então Alto Comissário da ONU
para os Direitos Humanos, NAVI PILLAY (2013), se
referindo ás violações cometidas pelos Estados
Unidos e a forte contradição dos mesmos, disse que:
"Quando outros países violam estas normas, os EUA
— com razão — os critica fortemente por isso".

Essa recusa dos Estados Unidos em fechar a
prisão de Guantánamo e a impossibilidade – ou falta
de interesse - da comunidade internacional em
estabelecer punições ao país corrobora com a ideia de
impunidade dos países mais fortes:

---

[67] O *Foreign Act* norte-americano prevê que *"The Congress declares that the individual liberties, economic prosperity, and security of the people of the United States are best sustained and enhanced in a community of nations which respect individual civil and economic rights and freedoms and which work together to use wisely the world's limited resources in an open and equitable international economic system. Furthermore, the Congress reaffirms the traditional humanitarian ideals of the American people and renews its commitment to assist people in developing countries to eliminate hunger, poverty, illness, and ignorance (22 USC Ch. 32: §2151, a)"* – Nem sempre isso representa as atitudes de determinados governos estadunidenses perante a comunidade internacional.

> *"Normative" and institutional development thus reflect the interests of powerful states, and compliance with these norms is largely a function of powerful states* (JINKS e GOODMAN, 2004, p.10).

O *framework* internacional atual, como mencionado, não impõe compromissos aos Estados, principalmente aqueles mais influentes. O processo de aculturação relatado por JINKS e GOODMAN consiste na adoção de princípios e valores de outros países a partir de pressões internas ou externas para mudança. Esse processo é influenciado por diversos fatores: redes sociais, mídias, cinema ou até mesmo por conta de fluxo imigratório.

Em um cenário em que os países "mais fracos" e que não possuem métodos para assegurar, através da coação ou persuasão, os seus interesses particulares e o processo de aculturação está vinculado ao domínio de certos meios econômicos ou culturais, é evidente que no caso do surgimento de uma entidade supranacional, a sua jurisdição será fortemente influenciada por aqueles – governos, corporações ou entidades - que controlam esses processos.

"*A scenario for global domestic politics. In these circumstances it is much more realistic to strengthen the weak institutions of the world community and to pursue human right policies, pushing for a further and more effective institutionalization of a cosmopolitan law that allows for interventions in the "inner affairs" of the nation state, protect nationals against human rights violations by their own government and persecutes functionaries who commit crimes in the service of their office or in the course of their business* (HABERMAS, 1999, p. 451)".

Lembremos, entretanto, que o procedimento de emancipação de determinado território não se baseia tão somente na validação jurídica internacional. Todo o processo tem como base principal a política: países recém-independentes são sujeitos às regras do direito internacional que serão impostas para serem reconhecidos como Estados (ELLIS, 2015, p.135).

Por isso, o Direito é política. Pode-se haver *stateless law* caso seja de interesse das grandes corporações e uma transnacionalização dos *players* relevantes da política, como já está havendo.

Conclusão

Diante dos exemplos abordados, percebe-se que o *stateless law* mesmo sendo classificado em diferentes categorias, estas compartilham a mesma essência: consistem em determinado grupo governado por suas próprias regras de resolução de conflitos e sem o controle direto do Estado.

O que diferencia essas formas de direito sem estado são suas circunstâncias, sejam elas temporais, geográficas, políticas ou legais, esta última no que diz respeito à relação do Estado com o direito sem estado em questão. De todo modo, é perceptível, igualmente, que muitos exemplos abordados são similares e repartem características com outras formas de *stateless law*.

O crescimento e consolidação do *stateless law* pode verter para duas direções: a direção de uma privatização do "Direito" e do sistema judiciário. Ou, por outro lado, na direção da entrega do Direito e do Judiciário à comunidade, ficando essa responsável pela resolução de litígios dentro de seu âmbito. Seria um possível retorno aos primórdios do Direito. Entretanto, não é impossível imaginar uma direção que envolva os dois caminhos e que integre comunidade e iniciativa privada em prol de um judiciário mais eficiente.

Novas classificações são possíveis como, por exemplo: direito comunitário, direito marginal e direito corporativo. Uma das possibilidades é classificar as espécies de *stateless law* a partir da fonte de seu poder: força, costumes ou o próprio Estado.

Por derradeiro, ANTAKI questiona onde podemos encontrar o corpo do Direito e onde encontraríamos nossos corpos no corpo do Direito? Completa, ainda, que para vivenciarmos o verdadeiro *stateless law* devemos reposicionar nossos corpos e o corpo do Direito. O Estado, para ele, é um status, é uma condição, e toda condição pode ser modificada[68]

O *stateless law* não pressupõe, necessariamente, a eliminação da figura do Estado. Vimos exemplos que incluem algumas formas de regulação estatal. A essência do direito sem estado não é somente uma certa ausência do Estado e, sim, a "transdisciplinaridade" e a

---

[68] ANTAKI, Mark, cit. (n. 3), p.110.

"transnacionalidade" de seu conceito: um direito que exigirá a participação das outras áreas do conhecimento para sua devida consolidação, definição e aperfeiçoamento[69].

É importante que os pesquisadores do Direito se voltem à busca por um novo Direito que cumpra seu papel social e atenda às demandas da sociedade com rapidez e eficiência. Para isso, deve-se repensar o Direito como uma disciplina isolada e buscar em outras disciplinas como a Ciência Política, a Economia, a História, a Filosofia, a Psicologia e outras mais diversas áreas, respostas para seus principais questionamentos.

Desejamos, portanto, evidenciar que coexistem, com o direito estatal, diferentes formas de Direito, que atendem, de alguma forma, às demandas jurídicas da população afetada por eles. Por que ignorarmos essas normas e tratarmos o direito oriundo dos ordenamentos jurídicos-constitucionais como único? Lembremos sempre, como dito por SCHULTZ, o Direito pode ser qualquer coisa que desejemos que o seja[70].

---

[69] ANTAKI, Mark, cit. (n. 3), p.111.
[70] SCHULTZ, Thomas, *Non-Analytical*, cit. (n. 17), p.3.

Referências

BENSON, Bruce, *The Enterprise of Law: Justice without the State* (San Francisco, Pacific Research Institute for Public Policy, 1990).

CAMPILONGO, Celso Fernandes, *Protestas Sociales Dentro del Derecho* (Lima, PUCP, 2012).

CASEY, Gerard, Reflections on Legal Polycentrism, *Journal of Libertarian Studies*, v.22, 2010, pp. 22-34 [visible en internet: https://mises.org/library/reflections-legal-polycentrism].

CHAMBERLIN, Antón – BLOCK, Walter, The case for the stateless society: Law, *Acta Economica Et Turistica*, v.3, n.2, 2007, pp.98-184 [DOI: 10.1515/aet-2017-0012].

DEDEK, Helge – VAN PRAAGH, Shauna, *Stateless Law – Evolving Boundaries of a Discipline* (editores), (New York, Ashgate, 2015)

GOODMAN, Ryan – JINKS, Derek, How to Influence States: Socialization and International Human Rights Law, *Duke Law Journal*, 54, 3, 2004 [DOI: 10.2307/40040439].

KÖCHE, Rafael – TEIXEIRA, Anderson, Um Direito Sem Estado? Direitos Humanos e a Formação de um novo Quadro Normativo Global, *Revista de Direito Internacional*, v.10, n.2, 2010 [DOI: 10.5102/rdi.v10i2.2561].

KRIESBERG, Louis, *Social Movements and Global Transformation*, ahora en SMITH, Jackie - CHATFIELD, Charles - PAGNUCCO, Ron, *Transnational Social Movements and Global Politics* (Syracuse: Syracuse University Press, 1997).

LE SAGE, Andre, *Stateless Justice in Somalia: Formal and Informal Rule of Law Initiatives* (Geneva, The Centre for Humanitarian Dialogue, 2005).

ORGANIZAÇÃO DAS NAÇÕES UNIDAS, *Declaração das Nações Unidas sobre os Direitos dos Povos Indígenas*, 2007 [visible en: http://www.un.org/esa/socdev/unpfii/documents/DRIPS_pt.pdf].

POPEO, Daniel, Privatizing the Judiciary, *Foundation for Economic Education*, 1998 [visible en internet: https://fee.org/articles/privatizing-the-judiciary].

RESTA, Giorgio, Transsystemic legal education and the comparative method(s), SSRN Electronic Journal, 2017 [DOI: 10.2139/ssrn.3050495].

SARAT, Austin - SCHEINGOLD, Stuart, Cause Lawyers and Social Movements (Stanford, Stanford University Press, 2006).

SCHACHTER, Oscar, The Decline of the Nation-State and its Implications for International Law, *Columbia Journal of Transnational Law*, v.36, 1998, pp.7-23.

SCHULTZ, Thomas, *Transnational Legality: Stateless Law and International Arbitration* (Oxford, Oxford University Press, 2014).

SCHULTZ, Thomas, Non-Analytical Obstacles to Stateless Law, *King's College London Dickson Poon School of Law Studies Research Paper Series*, n.40, 2017, pp. 1-20.

SOMEK, Alexander, Stateless Law: Kelsen's Conception and its Limits, *Oxford Journal of Legal, Studies*, v.26, n.4, 2006, pp.753-774 [DOI:10.1093/ojls/gq1028].